Zirkus

Jane Engelbrecht

BookLeaf Publishing
India | USA | UK

Presentation by *BookLeaf Publishing*

Web: www.bookleafpub.com

E-mail: info@bookleafpub.com

ISBN: 978-93-5744-417-0

First edition 2022

ACKNOWLEDGEMENT

Für den Zombie, der nie seinen Zug kriegen
wird, weil er nie einen Fahrschein hat.

Kür

Die Straße windet sich wie graue Schlangen
unter mir.
Diffuses Zwielicht formt mir eilends eine
leuchtsynchrone Kür.
Dorf um Dorf und Stadt um Stadt passieren
meine Flucht,
als hätte ich hier nichts gefunden, und nie etwas
gesucht.

Hamlet

Das Feuer hat mich einst geboren,
war Vater und auch Mutter mir.
Und bald schon leckten Flammenhände
an mir empor in glühend' Gier.

Dem Winter ward ich eins versprochen,
er hielt mir Hof und floss dahin.
Auf dass ich seinen Bächen folgte,
bis ich angekommen bin.

Doch Wälder kreuzten uns're Wege,
mit ihnen der Verführung Hohn,
sodass, noch eh ich's selber spürte,
den Herbst ich nannte meinen Sohn.

Und garstig ward der alte Winter,
zerrte mich in kaltes Grab.
Und doch war er es, der zum Schlusse
in des Frühlings Armen starb.

Die Nacht

Sieht aus, als hätt' die schwarze Nacht
mich heute um den Schlaf gebracht,
und säuselte in mein Gesicht
„die Ruhe gönn' ich dir heut' nicht!"

Schwere, gusseiserne Pforten
haben mir den Weg verboten
in der Träume Schlummerland,
wo ich sonst Erlösung fand.

Wandelte auf schmalen Wegen
dem rettend' Bruder Schlaf entgegen.
Doch wie endlos schien es mir,
ich erreichte nie die Tür.

Nebel hat mich eingefangen,
Düsternis hat mich umhangen,
und egal, wohin ich blickte -
mir nichts die seelig' Ruhe schickte.

Inmitten dieser Dunkelheit
harrte ich der stillen Zeit.
Und plötzlich, wie ich harrend sann,
bemerkte ich, der Tag bricht an.

Sieht aus als hätt' der schwere Tag
mich durch die schwarze Nacht geplagt.
Und wisperte mir garstig zu
„auch heute geb' ich keine Ruh!"

Gestohl'ne Träume

Ich hab mir einen Traum gefangen,
Hab ihn leis` sehr Nacht gestohlen
Doch dieses finstre Teufelsweib
Kam um ihm zurück zu holen.

Erst kam sie als junges Mädchen,
Das Äpfel feil bot auf dem Markt
Und lockt mit süßem Wort und Obst
mich hin zu ihr, und fort vom Tag.

Doch ich Widerstand dem Werben,
Kehrte ab mich von der List,
Sodass die Nacht, die garst'ge Schlange,
Gar wütend nun geworden ist.

So kam sie bald als holder König,
Reitend auf dem weißen Schimmel,
versprach mir ewig Glück und Liebe
Und dazu ein Schloss im Himmel.

Doch ich versagte mich dem Werben
Und schickte fort den Gold' Moment
Sodass die Nacht, das elend' Bieste,
Für mich nun kein Erbarmen kennt.

Und schließlich kam die Nacht heran,
als was sie immer war gewesen.
Ehrlich, wütend, frei von Gnade
Und fähig meinen Geist zu lesen.

Sie flüsterte mir in mein Zittern,
Laut wie das Rascheln toter Bäume,
Dass ich einst bezahlen werde
Für all meine gestohl'nen Träume.

Und ich? Ich sagte zu dem Werben.
Sagte zu noch jedem Preise.
Und die Nacht, der wohlig Schauer,
Kroch in meinen Traum, ganz leise.

Und dorten wohnt sie nun fortan.
Seh` sie in mancher Bäume Rücken.
Stets bereit mich einzufangen,
Wenn ich mir einen Traum will pflücken.

Der Mond

Sieh den fahlen Mond dort stehen
Groß und voll von Übermacht.
Was mag er wohl des nachtens sehen
Weil er so herzlich drüber lacht?

Er spielt ein helles Lied aus Schatten
Die auf blättrig Noten weilen
Ast um Ast um Ast begatten
Und ihre musisch Frucht verteilen.

Sieht dort drüben hölzern Hände
Greifen nach dem Himmelszelt
Und wabernd Nebelfeen behände
Niederlassen sich zur Welt.

Grüßt allnächtlich seine Brüder
Glänzend Lächeln sie ihm zu
Um zu leiten immer wieder
Einsam einen Weg zur Ruh.

Zirpen hört er manche Grille
Lauscht andächtig in die Nacht
Und ein Feuerwerk der Stille
über manchem Moor bewacht.

Folgt mit seinen blassen Strahlen
Manch erquickend Rinnsal, klein
Kein Mensch könnte dies schöner malen
als des Mondens heller Schein.

Prangt am Himmel hell und schweiget
Starrt uns getrost gar in den Geist
Und wüssten wir wie hoch er steiget
Wüssten wir, dass er uns weist.

Und wir, was tun wir Nacht um Nächte?
Starren Trübsinnig hinauf.
Und mit fahlem Mondgelächter
Feixt er voll Übermacht uns aus.

Nachtgespenst

Kleines weißes Nachtgespenst,
das du durch meine Träume rennst,
bist hier und dort und fort geschwind
flüchtig, leise, wie der Wind.

Starre Nacht für Nacht hinaus
Auch wenn mich stets mein Wissen graust
Dass du dort wartest, hinterm Baum
Am Waldesrand, in meinem Traum.

Ein manches Mal lugst du hervor
Ein manches Mal kommst du zum Tor,
doch niemals traust du dich herein
und ich wünsch mir, so soll es sein!

Bleib bloß fort, du graus'ges Ding
Geh mir endlich aus dem Sinn!
Ich ertrag dich weder hier
Noch hinter jener Tarumestür.

Doch mit jeder nächtlich Stund
Wird klarer mir, der wahre Grund
Wieso du stets stehst dort und lauschst
Wie meine Angst mir schwillt und rauscht.

Du kennst sie schon und weißt genau
Wovor es mir nachtnächtlich graut.
Du spürst wovor es laut mir bangt
Denn du bist meine wahre Angst.

Und wie ich starrend stehe hier
Schleichst du dich leis herein zu mir.
So hast du's seit jeher nachts getan,
seitdem ich mich erinnern kann.

Und wo du eintrittst bleibst du auch
So ist es bei Gespenstern brauch.
Du saugst mich aus, raubst mir den Mut
Und heuchelst, es sei alles gut.

Hast auch ein goldenes Gewand,
dass dich als gute Seele tarnt
und alle andern glauben macht
dass mit dir der Seele Freud erwacht.

Singend tanzt du manchen Reigen
Um dich vor aller Welt zu zeigen.
Sprudelst Mut und Glück wie nie
Und bist ein Licht der Fantasie.

Doch, ach, wie viele Dichter irrten
Als sie dir holde Gunst bescherten!
Wieviele hast du gut getäuscht
Wie vieler Hirn hast du verseucht?

Und ich steh hier und starre hin
Wo ich dich nach mir harrend find.
Du garst'ges kleines Nachtgespenst
Das du dich dreist Liebe nennst.

Karussell

Die Welt ist ein gläsern' Karussell
Es startet und es dreht sich schnell
Und in den Pferden reflektiert
Was außerhalb der Welt passiert.
Weißes Licht scheint hier darnieder
In tausend Farben strahlt es wieder
Ein Regenbogen Feuerwerk
Das gleißend hell den Blick versperrt.

Sobald ich eingestiegen bin
Es verheißungsvoll mich mit sich nimmt.
Und ich steige auf das schönste Pferd
das schönstes Licht zu bunt verkehrt.

Und es dreht sich Stund um Stunde
In kleinen Kreisen seine Runde
Dreht sich um sich selbst geschwind
Bis wir eins geworden sind.

Der Regen

Mondelang hab ich gestarrt
Hinaus in düstre wüste Weiten
Hab die Seufzer nicht gezählt
Die trockne Winde hier verbreiten.

Sah so manches Knäuel aus Holz
Trist durch Geisterstädte wehen
Und so manche Tote Gräber
Auf ihren Höfen nieder gehen.

Scherben ragen aus den Häusern
Und greifen nach dem alten Geist
Der wispert durch die heißen Nächte
Was es zu zerbrechen heißt.

Und die Sonne, ach die Sonne
Brennt jeden freien Funken fort
Dass jeder Wunsch nach neuem Leben
Bleibt und schlummert einsam dort.

Ein Gewitter wünscht ich nahen
Donnergrollend niedertosen
Das mir Nässt mein rotes Haar
Und mein trocknes Kleid aus Rosen.

Möge es die Schmerzen spülen
Und des Kummers tristen Schein
Möge es mit viel Entsetzen
Mein hell erleuchtet Retter sein.

So hoff ich dass der Schleier fällt
Und Konturen nun verblassen
Doch der warme leichte Regen
Kam nicht und hat nichts fort gewaschen.

Reigen

Komm, ich will dir etwas zeigen,
tanz mit mir den bunten Reigen.
Tanz auf einem goldnen Feld,
tanz Hand in Hand mit unsrer Welt.

Schritt für Schritt du tanzen musst
Gegen Trübsal und Verdruss
Schlag die Hacken, klatsch die Hände
Dass das Glück hat nie ein Ende.

Spür den Rhythmus, die Musik
Lass dich von ihr reißen mit
Und tob dich aus im Sonnenlicht –
Das ist alles nur für dich!

Doch dann sei dir auch Gewahr
Schon bald ist wieder Dunkel da.
Es lauert hinter jedem Schritt
Und tanzt den Reigen fröhlich mit.

Die Nacht, sie kommt, das ist Gewiss
Noch ehe du ihr habhaft bist
Versteckt sich hinter goldnen Ähren

Um dich Besseres zu lehren.

Ozean

Die Welt ist ein nur ein dunkler Spiegel mir
Verloren treib ich auf dem Glas zwischen den
Welten.
Bin nicht richtig dort und nicht richtig hier
Und hör was mir die anderen erzählten.

Die Erde ist nur ein flüchtiger Moment
Und ich Betracht ihn in der Uhr
Zurück gestarrt vom Zeiger der mich kennt
Und weiß um meine Rast auf weiter Flur.

Der Tag ist nur ein Aufschlag aller Lider
Getragen von so tiefem blau darin
Vernichtet und kommt doch so bald nicht wieder
Bis ich auf den Wimpern angekommen bin.

Die Stunde ist nur ein Atemzug im nichts
Gehaucht in so manch Säuselfeines Ohr
Steigt eisig aus und bricht sie weiß im Licht
zu halten versucht ihn nur ein Tor.

Und bist du nur der Weg aus meiner Quelle ?
Drehst am Schwarzen Firmament um mich Bahn
um Bahn
Doch auch ich verharr nicht auf der Stelle

Und Falle in der Sterne Ozean.

DNA

Zwischen Säuren, Phosphor, Basen
Und Enzymen Helikase
Wird die Menschheit jäh gestört –
Also, Menschheit, hergehört!

Von nun an wird des Menschen sein
Starr unter seiner Forschung sein.
Wo DNA zusamm' gerührt
Und der Weg ins Winz'ge führt.

Und alle Stränge arg verkürzt
Des Phosphors Himmel abgestürzt
Und die Menschheit wartet schon
Auf „Prost, Meta, ans Telefon!"

Geschaff'ne Lust am Zentromer
Der Mäuse Hülle – fadenleer.
Denn Menschheit, große, pass gut auf,
Pneumokokken haben's drauf.

Der Forschung Freund ist das Allel
Wo Gene selten sitzen fehl.
Nur für den großen Menschheitstraum
Lohnt es sich sie umzubau'n.

Und wer noch wartet auf Mitose,
Der Forschung zweite Unterhose,
der muss der Teilung lange harren –
und all den Mutationsgefahren.

Die plötzlich anstehnd Trisomie
Zeigt sich im Phänotyp wie ne.
Und auch im Genotyp hoch drei
Ist die Forschung mit dabei.

Du große Menschheit, zeig dein Heil!
Und lass die Helix ragen steil!
Damit du niemals wirst gestört!
Hast du auch gut zugehört????

Me

In tausenden von Gesten, glaubst du, hast du
mich entdeckt,
hast mich klug in ein System gepackt und
anstandslos korrekt
meine Fehler und auch Tugend artig
katalogisiert
und nach Formen, Farben, Größe fein in
Schubladen sortiert.

Jeden gut versteckten Hinweis glaubst du, hast
du dechiffriert.
Hast dafür glatt ein dreijähriges Studium
absolviert.
Hast dich Buch für Buch für Buch durch die
Recherche durchgewühlt,
Und nach all den klugen Worten dich auch
ziemlich klug gefühlt.

Mit vielen Attributen kannst du mich nun
fomulier'n.
Hast sie fleißig einstudiert und kannst sie andern
auch soufflier'n.
Hast mich gut sortiert und dazu fachlich
einwandfrei erklärt,

Und so ein immens Mysterium dieser Erde nun
entschwert.

Und wie du es gewünscht hast schlag ich ein wie
ein Komet.
Bin gut dressiert und trag und sag und frag nur
was mir steht.
Wand're gut gelaunt, stets lächelnd, durch die
Manege dieser Welt
Und bin, possierlich, anzusehn der Clown in
deinem Zirkuszelt.

Und wie es kommt, so kommt es und es kommt
wie's sich geziemt
Hast den Doktortitel so auch richtig redlich dir
verdient
Bist ein eloquenter Fachidiot, ein Meister
absolut
Und erntest Stück für Stück das was du sätest,
du Filou.

In stetem Glücksgetaumel läufst du nun durch
deine Zeit
Hast alles was du wolltest und nichts fehlt dir,
weit und breit
Bis ein neureicher Emporkömmling, ein Genius,
ganz bestimmt

Und treibst in luft'gen Höhn auf deinem
Wolkenschloss im Wind.

Und wie du fröhlich fliegst empor, nicht blickst
auf mich herab
Hast du umgekehrt proportional geschaufelt mir
mein Grab
Und weil's wie alles andre von mir artig wurd'
sortiert
Leg ich mich in die Schublade, die für mich
Etikettiert.

Minenfeld

Blindlings renn ich ohne es zu ahnen in ein
Minenfeld
Und hab als einz'gen Schutz hierfür ein Kleid
aus Rosen ausgewählt.

Ich eile über dunkles Gras und weiß nicht ganz-
wo tret ich hin?
Weil ich den Überblick verloren, wo ich schon
hingetreten bin.

An Spuren, den' ich folgen könnte scheitert's
nicht, das ist Gewiss
Doch sollt ich jene Stellen meiden, auf die du
einst getreten bist.

Wer weiß schon was es dorten gibt, was du dort
für mich deponiert
Denn deine ach so großen Gaben haben mich
stets nur schockiert.

Da liegt ein Bein, ein Arm, ein Herz und
mittendrin liegt- ach wie schön!
Ein gebroch'ner Lebenstraum – gar bezaubernd
anzusehn!

Ich tänzle mich um jedes Stück und glaube mich
alsbald am Ziel,
doch ich ahnte noch mitnichten wohin mich
führen wird dein Spiel.

Und wie ich tänzle und des Sieges meinerseits
nun sicher singe,
Tret ich auf die größte Miene und seh wie du
mich siehst zerspringen.

Schwarze, bunte Lügen

In Stunden über Stunden habe ich den Tag
gemalt.
Hab die Farben mir gesucht und hab gemalt, so
wie er strahlt.
Hab Runden über Runden meine Pinsel fein
gedreht,
Und hab gebangt nach dem Moment in dem die
Sonne untergeht.

In Farben über Farben hab ich den Himmel
angestarrt.
Hab den Platz mir ausgesucht und hab der Sonne
ausgeharrt.
Hab Narben über Narben in den Wolken
übersehen,
Und hab innerlich gehofft es mög' so ewig
weitergehen.

In Gedichten und Geschichten habe ich mich
heut ertränkt.
Hab die Worte mir gesucht und meine Botschaft
fein verschenkt.

Hab Listen über Listen für mein Schenken
aufgestellt
Und hab gedacht ich bringe somit Farbe in die
Welt.

Doch Schwärze über Schwärze entglitt mir aufs
Papier.
Hab völlig übersehen das alles furchtbar düster
hier.
Hab in Scherzen über Scherzen alles schön mir
hingestellt
Und hab dabei gehofft, keiner merkt es auf der
Welt.

In Flüssen über Flüssen strömt nun mein Bild
entzwei.
Hab bemerkt das auch des Starrens trüg'risch
Segen nun vorbei.
Hab das Wissen über Wissen meiner Worte
eingefang'
Und hab lediglich gelassen, all die Schwärze, die
da hang.

In Schreien über Schreien hab der Welt ich mich
gezeigt.
Hab gehofft das diese Welt mich nun so liebt
und mir verzeiht.
Hab in keinen, wirklich keinen dafür
hoffnungsvoll geblickt

Und hab alle meine bunten Lügen hart
zurückgekriegt.

Ich bin

Ich bin das Verderben und die Angst,
Bin wie der kalte nächtlich Wind
Der dir das Blut gefrieren lässt
Weil bös er in die Knie dich zwingt.

Ich bin ein Sandsturm und Gefahr
Bin wie saurer Regen, trüb
Der dir spült die Haut vom Leib
Und dein Muskelfleisch verbrüht.

Ich bin ein Mahlstom, schwarz und tief
Ein Flaschengeist, gefährlich wild
Der dir mit schönem Augenschlag
Keinen einz'gen Wunsch erfüllt.

Ich bin der alte Leviathan,
Bin ein Rudel Wölfe gar
Das dich zieht in sein Versteck
Und an deinem braunen Haar.

Ich bin, mit wem du tanzen willst
Und singen in der klaren Nacht
Der dich in ein Pfütze wirft
Und Radschlag durch die Wiesen macht.

Liebe lieber ewiglich

"Was willst du mit der Liebe? Sprich!"
"Das Herz vom Tyrannen befreien!"
"Das wirst du alsbald schon bereuen!
Drum liebe lieber ewiglich!"

"Tritt ein, tritt herein, tritt vor's Gericht!
Was hast du dir bloß dabei gedacht?
Dass die Liebe dich ewig glücklich macht?
Dann liebe lieber ewiglich!"

"Du glaubst am Ende des Tunnels sei Licht?
Ein Licht, dass heller als Sonnenlicht strahlt?
Und das dir im Himmel den Fuhrmann bezahlt?
Dann liebe lieber ewiglich!"

"Du sagst, mit dieser Macht fürchtest du nichts?
Weil sie dich vor allem Bösen bewacht?
Weil sie alle Finsternis hält gar in Schach?
dann liebst du lieber ewiglich!"

"Der Fragen so viele, rechtfertige dich!

Was sagst du zu deinem eigenen Schutz?
Dein Ansehen fällt vor mir in den Schmutz
und du liebst dennoch lieber ewiglich?"

"Was erwartest du nun für ein Urteil? Sprich!"
"Das was mir rechtens steht herzu!"
"Das ist dein Bette zur ewigen Ruh!?"
"So lieb ich endlich ewiglich!"

Liebe lieber ewiglich 2

Liebe lieber ewiglich
Hat er einst zu ihr gesagt
Doch hat' er sie bereits verlassen
Eh sie in seinem Bette lag.

Liebe lieber ewiglich
Sprach der Priester am Altar
Doch gierig Blicke tauschten sich
Noch eh der Ring geschoben war.

Liebe lieber ewiglich
Raunt ein einsam Pinguin
Doch eh er seinen Partner fand
Rafft ihn die Erwärmung hin.

Liebe lieber ewiglich
Wispert Wind in bunt Gefieder
Doch ehe er sie sicher trägt
Lässt steingleich er sie fallen nieder.

Liebe lieber ewiglich
Hallt es laut aus allen Wäldern

Doch eh die Bäume Wurzeln schlagen
Werden daraus Minenfelder.

Liebe lieber ewiglich
Strahlt die Sonne auf die Erde
Und sagt doch nicht dass allzu bald
Sie Liebe heiß verschlingen werde.

Betrunken

Durch dunkle Straßen irrte ich bei Nacht
Wo Gutes flieht und böses finster lacht.
Wo flackernd jedes Licht erlischt
Und bahnbrechend des Weges Welle bricht.

Die Flucht bleibt, die Ruhe vor dem Sturm
Doch im Auge bewahr'n wir uns dem Zorn.
Und fliehen gemeinsam in ein Land
Wo ich Trost suchte und Zerstreuung fand.

Der Morgen flammt am Himmel, und sagt an
Wer das Meer der Hoffnung trinken kann.
Doch ich treibe seicht dahin
Weil ich zu betrunken bin.

Ein Märchen

Der rechte Pilz, der macht dich groß –
Der linke klein, was tust du bloß?
Frag die rote Königin
Und folge stets dem Pfeffer hin.

Ein Haus, ein Haus, das wirft man nicht!
Nur wenn es Rettung dir verspricht.
Und suchst du den smaragd'nen Ort,
dann geh and follow the yellow brick road.

Zerbrich den Spieel, Sandkornklein,
Das jedes Stück könnt deines sein.
Und binde bloß den Schlitten fest,
dass sich das Rätsel lösen lässt.

Sag Knusper laut, und sag auch Knäuschen
Und wirf die Knochen in das Häuschen.
Vertraue nicht dem himmlisch Kind
Und fliehe auf dem Schwan geschwind!

Folg mir in den Dunkelwald,
wo blutig unser Name schallt.
Dort wo der Schlachter Arbeit hat
Und Schleimschmeichler wahre Wege trat.

Grab

Ein dunkles Grab hab ich geschaufelt
mir mit jeder leisen Zeile
Und ich gab den Spaten dir
Indem ich diese mir dir Teile.

Dann kam vom Himmel kalt herab
Ein weicher, wohlig schaudernd Regen
Und brachte mir in seinen Pfützen
Dein Herz und ließ mich meines geben.

Ich tauchte danach auf den Grund
Der tief' und düster schwarzen Pfütze
Und hielt es wie ein Schatz in Händen
Den sonst nur Wracks derart beschützen.

Und gemeinsam schlugen wir
Uns den Weg ins Grab hinunter
Und tauchten manche Narbe tief
In einem Regenschauer unter.

Doch der Himmel weint nicht mehr
Und unsrer Herzen trocken darben
Unsre Feuer alle Sehnsucht
Nun rachsüchtig zu Grabe tragen.

Und nun am Ende stehe ich
Würd Gift von deinen Lippen trinken
Um ein letztes, kaltes Mal
Mir dir in dieses Grab zu sinken.

Die Brücke

Wo stehst du schon und wartest auf die Brücke
übers Meer.
Den weiten Weg zu wandern ohne nasse Füß'
wird schwer.
All deine Gedanken kreisen heute um die Gischt
Die brodelnd und gefährlich dir um deine Waden
zischt.

Wohin du fährst, ich frag dich, und nach Norden
spricht dein Mund.
Als könnte hoch im Norden dorten warten nicht
der Schlund.
Dein Segel oder Segen sei gespannt auf langem
Schritt
Und ganz gleich was Du dabei, nimm nicht die
Hoffnung mit.

Dein Kompass aber führt Dich und er führt Dich
nah ans Ziel.
Hinab in einen Strudel der Deine Knie schon
umspielt.
Und gehst Du auch stets weiter, den Blick starr
vorneweg.
Den Weg der übers Meer führt hat noch niemand
je entdeckt.